A LOS PIES DEL MAESTRO

**Alcyone
(Krishnamurti)**

Editorial ⊙ Creación

Si este libro le ha gustado y desea más información sobre nuestras publicaciones, puede consultar nuestra web: www.editorialcreacion.es, donde encontrará amplia información actualizada y podrá descargarse nuestro catálogo, el índice y un extracto de todos nuestros títulos.

Temática: Teosofía, Espiritualidad, Ocultismo, Magia.
Colección: Sabiduría Esencial

Traducción: Jesús García-Consuegra González

© De la Traducción; Jesús García-Consuegra González
© Editorial Creación
  Tel.: 664755502
  http://www.editorialcreacion.es
   http://editorialcreacion.blogspot.com/

Primera edición: Junio de 2011

ISBN: 978-84-95919-69-4
Depósito Legal: M-23602-2011

ÍNDICE

Alcyone (Krishnamurti),
en la época en que escribió este libro

PRÓLOGO DEL TRADUCTOR

Contaba el joven Krishnamurti apenas 14 años de edad cuando dio a luz esta maravillosa obra que tanta ayuda espiritual proporcionaría al mundo. Ya en su prólogo nos dice con gran sinceridad que las palabras no son suyas, sino del maestro que le enseñó, mostrando así la gran humildad que le caracterizaría el resto de su vida. Pero, ¿quién era Krishnamurti y cómo llegó a concebir semejante obra a una edad tan temprana?

Jiddu Krishnamurti nace el 11 de mayo de 1895, en Madanapalle, una población pequeña situada a 150 millas al norte de Madrás, fruto de Jiddu Narianiah y su esposa Jiddu Sanjeevamma.

En su nacimiento, como en el de muchos hombres santos, ocurrieron cosas extraordinarias: su madre, que intuía que su octavo hijo iba a ser una persona especial, se empeñó en dar a luz en la sala de «puja» de su casa, habitación que se destina de forma exclusiva, en las casas de las familias religiosas, para la meditación y la oración. Esto suponía una osadía, pues ninguna mujer brahman se hubiera atrevido a entrar en semejante habitación para dar a luz en su interior, pues este acto sería considerado como una grave falta. Pero a Sanjeevamma, debido a su insistencia, no hubo manera de impedírselo. Así que dio a luz un hermoso niño en la sala de «puja» poco después de la medianoche, a quien pondrían por nombre Krishnamurti en honor de Krishna, el dios de la mitología hindú, el cual también, como él, fue el octavo hijo.

No solamente fue su madre la que intuía un destino grande para el niño, sino que un reputado astrólogo, tiempo después, le hizo el horóscopo y le auguró un estupendo destino, diciéndole a Narianiah, su padre, que su hijo sería una figura notable, un hombre grande.

La infancia de Krishnamurti pasó sin pena ni gloria, y su padre pensó que se habían equivocado tanto su esposa como el astrólogo. Pero éste le volvió a decir que no se había equivocado y que su hijo tendría un brillante porvenir: «Tenga paciencia y verá por usted mismo que le he dicho la pura verdad, el muchacho será un ser grande y maravilloso», insistió.

Pero la paciencia de Narianiah seguía siendo probada, ya que el joven Krishnamurti enfermaría de malaria en el año 1903 cuando apenas contaba ocho años de edad, y se temió por su vida. Y, aunque después de aquello viviría muchos años, la enfermedad le dejó secuelas que le acompañarían durante muchos años.

En el año 1904 muere su hermana mayor a la edad de 20 años. Y recuerda en sus memorias cómo su madre la veía y se comunicaba con ella. También él mismo cuenta que habló con su hermana muerta varias veces. Poco más tarde, en diciembre de 1905, muere su querida madre. Krishnamurti tenía unos 10 años. Este hecho, según contaría después, fue para él un terrible golpe. Y sobre ello afirmó lo siguiente:

«Los recuerdos más felices de mi infancia se centran alrededor de mi amada madre, quien nos prodigaba toda la

Después de estos dolorosos acontecimientos, su padre se jubiló y como era miembro de la Sociedad Teosófica (fundada por Madame Blavatsky y el Coronel Olcott), debido a su mala situación económica, solicitó a la presidenta, que en estos momentos era la señora Besant, que le diese un puesto de trabajo en las oficinas centrales que la Sociedad tenía en Adyar. Cuando fue aceptada su solicitud, se trasladó allí con toda su familia, y aquí fue donde tendría lugar, por parte de Leadbeater, un gran teósofo que poseía dotes clarividentes, el descubrimiento de la grandeza de alma de Krishnamurti:

En el año 1909, mientras el joven paseaba junto a su hermano más querido por la playa de Adyar, Leadbeater se fija en él y descubre que tiene un aura excepcional, por lo que queda profundamente impresionado. Y, aunque su aspecto era pobre, su aura transmitía al teósofo una ausencia total de egoísmo, lo cual no era normal en un muchacho de su edad (14 años). Este hecho le motivo para investigar en sus vidas anteriores y descubrió que era un gran ser. El nombre que se le dio a Krishnamurti a través de sus vidas anteriores fue el de Alcyone, el mismo seudónimo con el que firmó el presente librito. Leadbeater investigó muchas de estas vidas pasadas y sus resultados fueron publicados en la revista de la Sociedad.

En acuerdo con el padre del muchacho, la Sociedad Teosófica se hizo cargo de su educación, pues se había llegado a la conclusión de que sería un gran instructor espiritual. Pero, aunque quizá no fue el instructor que la Sociedad Teosófica había esperado, no cabe ninguna duda de que lo fue, pues el ejemplo de toda su vida responde por sí solo a esta cuestión: Krishnamurti fue un gran maestro, como, de hecho, puede afirmar todo aquel que ha tenido la suerte de encontrarse en su camino. Así lo atestiguan hombres célebres de la talla de

George B. Shaw, Khalil Gilbrán, Henry Miller, y Aldous Huxley; entre otros, de quienes destacamos las siguientes palabras:

«Una figura religiosa de la más alta distinción y el ser humano más maravilloso que he visto nunca» (George B. Shaw).

«Cuando entró en la habitación pensé, sin lugar a ninguna duda, que el Señor del Amor acababa de hacer su aparición ante mí» (Khalil Gilbrán).

«No hay hombre que yo pudiera tener mayor privilegio de conocer» (Henry Miller).

«Fue lo más impresionante que haya escuchado nunca. Fue como haber escuchado un discurso del propio Buda, con tanta fuerza y autoridad en sí mismo» (Aldous Huxley).

Krishnamurti, tiempo después, abandonaría la Sociedad Teosófica e iniciaría su propio camino por separado, pues la conclusión a la que había llegado es que el ser humano tenía que liberarse de toda dependencia y encontrar sin ataduras a su propio maestro interno. Las siguientes palabras de Krishnamurti resumen como fue su pensamiento una vez desligado de la Sociedad Teosófica:

> *«Es muy importante descubrir por uno mismo lo que se es en realidad, no de acuerdo con las teorías y las aseveraciones y las experiencias de los psicólogos, filósofos y gurús, sino por la investigación de toda la naturaleza y el movimiento de uno mismo, por el ver qué es uno realmente».*

Muchas más cosas podrían contarse de su extensa y maravillosa biografía, pero eso nos daría para escribir un libro mucho más amplio del que nos ocupa. Por el momento, nos centraremos en la presente obra.

A los pies del maestro ve por primera vez la luz pública en el año 1909, y constituye uno de esos libritos que contiene enseñanzas sublimes. Según nos cuenta el propio Leadbeater, son las enseñanzas que recibió de su maestro (Kuthumi) el joven Jiddu Krishnamurti cuando contaba solamente 14 años de edad.

El maestro le dio esta enseñanza desde su morada, en una serie de encuentros con su cuerpo astral y en periodos de 15 minutos. En estos viajes astrales, Krishnamurti era acompañado por Leadbeater y, según éste recuerda, Kuthumi, después de cada charla, siempre le resumía los puntos importantes de lo que le había dicho en una simple frase o en unas cuantas frases. Este resumen se lo repetía al muchacho para que lo memorizara. El chico, recordaba el resumen por la mañana y lo ponía por escrito. Así fue como nació esta pequeña gran obra, con palabras sencillas pero elevadas y valiosas.

Un libro que deberíamos leer todos más de una vez y tenerlo en la cabecera de la cama. Y no sólo leerlo, sino practicar sus consejos siempre que nos fuera posible, ya que constituyen la base para conseguir transformar nuestra vida y hacernos más conscientes del papel que ocupamos en el Cosmos y de nuestra evolución.

Deseamos que el conocimiento que contiene esta pequeña obra sea de gran ayuda espiritual para el lector y le proporcione una gran satisfacción y estímulo para seguir creciendo y afrontar con renovada energía las tareas cotidianas.

PREFACIO

Me ha sido concedido el privilegio, como un hermano de más edad, de escribir unas palabras de introducción a este librito. El primero escrito por un hermano más joven. Joven de cuerpo, ciertamente, pero no de alma. Las enseñanzas que contiene le fueron dadas por su Maestro mientras le preparaba para la Iniciación, y fueron transcritas por él de memoria, despacio y laboriosamente, porque su conocimiento del idioma inglés, el año pasado, era menos fluido de lo que es ahora. La mayor parte es una reproducción de las propias palabras del Maestro, las que no son una reproducción verbal pertenecen al pensamiento del maestro expresado en las palabras de Su discípulo. Dos frases que se omitieron fueron suplidas por el Maestro. En otros dos casos, una palabra omitida ha sido añadida. Aparte de esto, es completamente propio de Alcyone, su primera dádiva al mundo.

La esperanza con la que da este libro es para que pueda ayudar a otros, como las enseñanzas de viva voz le ayudaron a él. Pero las enseñanzas sólo pueden ser fructíferas si se viven como él las ha vivido, desde que brotaron de los labios de su maestro. Si se sigue el ejemplo tan bien como el precepto, entonces, tanto para el lector como para el escritor, se abrirá el gran Portal de par en par, y sus pies hollarán el Sendero.

Annie Besant

A LOS QUE LLAMAN

Conducidme desde lo ilusorio a lo Real.

Conducidme desde la oscuridad a la Luz.

*Conducidme desde la muerte a la
Inmortalidad.*

PRÓLOGO

Éstas no son mis palabras, son del Maestro que me enseñó. Sin Él, no hubiera podido hacer nada. Su ayuda ha puesto mis pies en el Sendero. Vosotros también deseáis penetrar en el mismo Sendero, así que las palabras que Él me dijo también os ayudarán, si queréis obedecerlas.

No es suficiente decir que son bellas y verdaderas; Aquel que desee lograr éxito debe hacer exactamente lo que se dice en ellas. Mirar la comida y decir que es buena no satisfará al que tiene hambre; debe alargar su mano y comerla. De la misma forma, oír las palabras del Maestro no es suficiente, debéis hacer lo que Él dice, atendiendo a cada palabra, tomando nota de cada indicación. Si una indicación no es percibida, si una palabra no se tiene en cuenta, se pierde para siempre, porque Él no las repite.

En este sendero se requieren cuatro cualidades:

- Discernimiento

- Carencia de deseos

- Buena conducta

- Amor

Intentaré contaros lo que me ha dicho el Maestro sobre cada una de ellas.

A LOS PIES DEL MAESTRO

I

La primera cualidad es el discernimiento, y ésta se toma habitualmente como la distinción entre lo real y lo ilusorio que guía a los hombres para entrar en el Sendero. Es esto, pero también mucho más; y es para practicarse, no solamente en el comienzo del Sendero, sino en cada etapa del mismo, diariamente, hasta el fin. Vosotros podéis entrar en el Sendero porque habéis aprendido que sólo en él se encuentran las cosas que merece la pena alcanzar. Los que no saben esto trabajan para obtener riqueza y poder, pero sólo dura, como mucho, una vida y, por lo tanto, no es real. Hay cosas más grandes que éstas —cosas que son reales y permanentes, cuando las hayáis visto una vez, nunca más deseareis las otras—.

Hay dos tipos de personas en todo el mundo: los que saben y los que no saben. Este conocimiento es lo que importa. La religión que uno profese, la raza a la que pertenezca no son realmente importantes; lo que de verdad es importante es este conocimiento: el conocimiento del plan de Dios para los hombres. Porque Dios tiene un plan, y este plan es la evolución. Cuando uno ha visto eso y realmente lo conoce, no puede evitar identificarse y trabajar de acuerdo con él, por ser tan glorioso y tan bello. Así, porque lo conoce, está al lado de Dios, firme para el bien y resistiendo al mal, trabajando para la evolución y no para el egoísmo.

Si está al lado de Dios, es uno de nosotros, y no importa lo más mínimo que se llame hindú, budista, cristiano o mahometano, ni que sea indio, inglés, chino o ruso. Los que están a Su lado, saben por qué están aquí y qué deberían hacer, y tratan de hacerlo. Los demás todavía no saben que han de hacer, así que obran a menudo de forma alocada, y tratan de trazarse vías que creen serán placenteras para ellos mismos, no entendiendo que todos somos uno, y que, por tanto, sólo lo que el Uno quiere puede ser realmente agradable para todos. Ellos van en pos de lo irreal, en vez de lo real. Hasta que no aprendan a distinguir entre los dos, no se colocarán al lado de Dios. Así que este discernimiento es el primer paso.

Pero, incluso, cuando se ha hecho la elección, debéis recordar que de lo real y de lo irreal hay todavía muchas variedades; y el discernimiento se debe hacer entre lo justo y lo injusto, lo importante y lo insignificante, lo útil y lo inútil, lo verdadero y lo falso, lo egoísta y lo altruista.

Para elegir entre lo justo y lo injusto no debería haber dificultad, porque aquellos que desean ir tras el Maestro ya han decidido seguir, a toda costa, lo justo. Pero el cuerpo y el hombre son dos cosas distintas, y la voluntad del hombre no siempre coincide con lo que desea el cuerpo. Cuando vuestro cuerpo quiere algo, deteneos y pensad si realmente lo deseáis. Porque vosotros sois Dios, y sólo queréis lo que la voluntad de

Dios quiere. Pero debéis indagar profundamente en vuestro interior para encontrar al Dios interno y escuchar Su voz, que es vuestra voz. No confundáis con vosotros mismos a vuestro cuerpo físico ni a vuestro cuerpo astral ni a vuestro cuerpo mental. Cada uno de ellos pretenderá ser el Yo Superior para obtener lo que quiere, pero vosotros debéis conocerlos todos y saber que sois su dueño.

Cuando se debe hacer un trabajo, el cuerpo físico quiere descansar, ir a pasear, comer y beber, y el ignorante se dice a sí mismo: «Quiero hacer estas cosas, y debo hacerlas». Pero el sabio dice: «Éste que en mí desea no soy yo, y debe esperar». A menudo, cuando se presenta una oportunidad para ayudar a alguien, el cuerpo incita a pensar: «Cuánta molestia me causará esto, dejemos que lo haga otro». Pero el hombre replica a su cuerpo: «Tú no me impedirás hacer una buena obra».

El cuerpo es vuestro animal: el caballo en el que cabalgáis. Por lo tanto, debéis tratarlo bien y cuidarlo, no debéis fatigarlo, debéis alimentarlo solamente con comida y bebida pura y guardarlo siempre escrupulosamente limpio, incluso de la más pequeña mancha de polvo. Porque sin una limpieza perfecta y un cuerpo saludable, no podréis hacer el arduo trabajo de preparación, ni podréis soportar su incesante tensión. Pero siempre debéis ser vosotros los que controléis vuestro cuerpo, no él quien os controle a vosotros.

El cuerpo astral tiene sus deseos, docenas de ellos, él quiere que os enfadéis, os inclina a decir palabras hirientes, a sentir celos, a codiciar el dinero, a envidiar las posesiones de los demás, a que caigáis en la depresión. Él quiere todas estas cosas y muchas más, no porque desee perjudicaros, sino porque le gustan las vibraciones violentas, así como cambiarlas constantemente. Pero vosotros no deseáis ninguna de estas cosas y, por lo tanto, debéis saber distinguir entre vuestros deseos y los de vuestro cuerpo.

Vuestro cuerpo mental desea pensar orgullosamente que es algo separado, pensar mucho de sí mismo y poco de los demás. Incluso cuando lo hayáis alejado de las cosas mundanas, todavía tratará de hacer planes para sí mismo, para hacer que penséis en vuestro propio progreso, en vez de pensar en el trabajo de los maestros y en ayudar a los demás. Cuando meditéis, tratará de haceros pensar en muchas cosas diferentes que él desea, en vez de pensar en lo que vosotros queréis. Vosotros no sois esta mente, sino que ella está a vuestro servicio; Por lo tanto, aquí es necesario de nuevo el discernimiento. Debéis vigilar sin cesar o fracasareis.

El ocultismo no tiene compromiso entre lo justo y lo injusto. Aunque os cueste, debéis hacer lo justo, no lo injusto, sin importaros lo que el ignorante pueda pensar o decir. Debéis estudiar profundamente las leyes ocultas de la Naturaleza, y cuando las conozcáis, debéis ordenar vuestra vida de acuerdo con ellas, usando siempre la razón y el sentido común.

Debéis discernir entre lo importante y lo secundario. Firmes como una roca cuando se trate de lo justo y de lo injusto, ceded siempre ante los demás en cosas que no importan. Porque debéis ser siempre amables y bondadosos, razonables y serviciales, dejando que los demás tengan la misma libertad plena que vosotros necesitáis para vosotros mismos.

Tratad de ver qué es lo que vale la pena hacer; y recordar que vosotros no debéis juzgar las cosas por su tamaño. Es mucho más meritorio hacer una cosa pequeña que es útil a la labor del Maestro que otra de mayor categoría de las que el mundo llama buenas.

Debéis distinguir, no sólo entre lo útil y lo inútil, sino entre lo más útil y lo menos útil. Alimentar a los pobres es noble y bueno, y un trabajo útil, pero alimentar sus almas es todavía más noble y más útil que alimentar sus cuerpos. Cualquier rico puede alimentar el cuerpo, pero sólo los que saben pueden alimentar el alma. Si vosotros sabéis, vuestro deber es ayudar a otros a alcanzar vuestra sabiduría.

No obstante, por mucho que podáis saber ya, todavía tenéis mucho que aprender en este Sendero. Así, pues, aquí también debéis utilizar el discernimiento, y debéis pensar con cuidado qué es lo que vale la pena aprender. Todo conocimiento es útil, y un día vosotros lo alcanzaréis; pero mientras sólo tenéis una parte, procurad que sea la parte más útil. Dios es tanto Sabiduría como Amor; y cuanta más sabiduría tengáis mejor podréis manifestarlo. Estudiad, pues, pero estudiad primero lo que os será de más utilidad para ayudar a los demás. Estudiad pacientemente, no para que los hombres puedan pensar que sois sabios, ni tampoco para tener la dicha de serlo, sino porque sólo el sabio puede ayudar sabiamente. Sin embargo, por mucho que deseéis ayudar, si sois ignorantes, podéis hacer más mal que bien.

Debéis distinguir entre lo verdadero y lo falso; debéis aprender a ser veraces en todo, en pensamiento, palabra y obra.

Primero en pensamiento, lo cual no es fácil, porque en el mundo hay muchos pensamientos falsos, muchas supersticiones tontas y nadie que esté esclavizado por ellas puede progresar. Por lo tanto, no debéis sostener una idea tan sólo porque la sostienen otros, ni porque crean en ella cientos de personas, ni porque se haya escrito en algún libro que los hombres creen sagrado, debéis pensar acerca de ella por vosotros mismos, y juzgar por vosotros mismos si es razonable. Recordad que, aunque miles de personas estén de acuerdo sobre un tema, si no saben nada sobre él, su opinión no es válida. El que quiera caminar en el Sendero, debe aprender a pensar por sí mismo, porque la superstición es uno de los mayores males del mundo, una de las cadenas de las que hay que liberarse por completo.

Lo que penséis sobre otros debe ser cierto; no debéis pensar algo sobre los demás que no sabéis, no supongáis que los demás están siempre pensando en vosotros. Si alguien hace algo que creéis os perjudica, o dice algo que puede aplicarse a vosotros, no penséis inmediatamente: «lo ha dicho para ofenderme». Lo más probable es que ni siquiera pensara en vosotros, porque cada alma tiene sus propios problemas y sus pensamientos giran principalmente alrededor de sí misma. Si un hombre os habla enfadado, no penséis: «Me odia, desea hacerme daño». Probablemente alguien o algo lo ha puesto de mal humor, y como resulta que se encuentra con vosotros, descarga su enojo sobre vosotros. Está obrando imprudentemente, porque todo enfado es imprudencia, pero vosotros no debéis haceros una idea falsa de él.

Cuando seáis discípulos de un Maestro, siempre podréis probar la verdad de vuestros pensamientos comparándolos con los Suyos. Porque el discípulo es uno con su Maestro, y sólo necesita poner su pensamiento al lado del pensamiento del Maestro para ver si coinciden. Si no es así, es que está equivocado y lo cambia al instante, porque el pensamiento del Maestro es perfecto, porque Él lo sabe todo. Los que no han sido todavía aceptados por Él, no pueden hacer esto, pero pueden ayudarse a sí mismos parándose a veces a pensar: «¿Qué pensaría el Maestro sobre esto? ¿Qué diría o haría el Maestro bajo estas circunstancias?». Porque nunca debéis hacer, decir o pensar lo que no podáis imaginar al Maestro haciendo, diciendo o pensando.

En vuestra forma de hablar, debéis ser también verídicos, exactos y sin exageración. Nunca atribuyáis intenciones a otro; sólo su Maestro sabe sus pensamientos, y puede estar obrando por razones de las cuales no tenéis ni idea. Si oís una historia contra alguien, no la repitáis; podría no ser verdadera, e incluso si lo fuera, es más cortés no decir nada. Pensad bien antes de hablar para no incurrir en inexactitudes.

Sed sinceros en vuestros actos; nunca pretendáis ser distintos de lo que sois, porque todo lo que sea fingir lo que no se es representa un obstáculo para la luz pura de la verdad, la cual debería brillar a través de vosotros, como brilla la luz del Sol a través de un cristal diáfano.

Debéis distinguir entre lo egoísta y lo altruista. Porque el egoísmo tiene muchas formas, y cuando finalmente creéis haber acabado con una de ellas, se presenta bajo otra forma tan fuerte como siempre. Pero poco a poco llegareis a estar tan llenos de pensamientos para ayudar a otros, que no habrá espacio ni tiempo, para pensar sobre vosotros mismos.

Debéis distinguir también en otro sentido. Aprender a ver a Dios en todos los hombres y en todas las cosas, sin importar lo malos que puedan parecer en el exterior. Podéis ayudar a vuestros hermanos pensando en lo que tenéis en común con ellos, esto es, la Vida Divina. Aprended a despertarla y a vivificarla en ellos; así los salvaréis de lo falso.

II

Hay muchos para quienes la Cualidad Carencia de Deseos es difícil, porque sienten que ellos son sus deseos, y que si prescinden de sus deseos peculiares, sus gustos y aversiones, no queda nada de ellos. Pero éstos son sólo los que no han visto al Maestro; en la luz de Su santa Presencia todo deseo muere, excepto el deseo de ser como Él. Pero, sin embargo, antes de tener la felicidad de encontraros con Él cara a cara, podéis alcanzar la Carencia de Deseos si así lo deseáis. El Discernimiento ya os ha enseñado que las cosas que más desean los hombres, como la riqueza y el poder, no vale la pena tenerlos. Cuando esto se siente de verdad, y no son meras palabras, todo deseo por ellas cesa.

Hasta aquí todo es simple, sólo se necesita que lo entendáis. Pero hay algunos que abandonan la obtención de cosas terrenales sólo para alcanzar el cielo o para obtener la liberación personal de los renacimientos; vosotros no debéis caer en este error. Si os olvidáis de vuestro yo por completo, no podéis estar pensando cuando se liberará ese yo o qué tipo de cielo tendrá. Recordad que *todo* deseo egoísta ata, aunque su objetivo sea muy elevado. Y hasta que no os liberéis de él, no podréis ser completamente libres para dedicaros a la labor del Maestro.

Cuando todos los deseos del yo se hayan ido, puede quedar todavía uno que quiera ver el resultado de vuestro trabajo. Si ayudáis a alguien, queréis ver en cuánto le habéis ayudado; quizá incluso queráis que la persona a quien habéis ayudado lo vea también y os lo agradezca. Pero esto es todavía deseo y también necesidad de confiar. Cuando derraméis vuestra fuerza para ayudar, debe haber un resultado, ya sea que podáis verlo o no. Si conocéis la Ley, sabéis que esto es así. Así que debéis hacer lo correcto por el deseo de hacerlo, no esperando la recompensa. Tenéis que trabajar por el bien de la obra, no con la esperanza de ver el resultado. Debéis entregaros al servicio del mundo porque lo amáis y no podéis dejar de entregaros a él.

No deseéis tener poderes psíquicos. Vendrán a vosotros cuando el Maestro crea que debéis tenerlos. Forzarlos demasiado pronto, a menudo trae muchos problemas. A veces, su poseedor es engañado por los embusteros espíritus de la Naturaleza, o se vuelve vanidoso y llega a creer que no puede cometer ningún error; en cualquier caso, el tiempo y la fuerza que emplea para conseguirlos podría emplearse en trabajar para los demás. Los poderes vendrán en el curso del desarrollo…, *deben* llegar; y si el Maestro considera que para vosotros es útil tenerlos más pronto, os dirá cómo conseguirlos de forma segura. Hasta entonces, estaréis mejor sin ellos.

Debéis protegeros también de pequeños deseos que son corrientes en la vida diaria. Nunca deseéis ser brillantes o parecer más inteligentes, no deseéis hablar. Es mejor hablar poco. Y todavía mejor no decir nada, a menos que estéis lo bastante seguros de que lo que deseáis decir es verdadero, bueno y sirve para ayudar a los demás. Antes de hablar, pensad con cuidado si lo que vais a decir tiene estas tres cualidades; si no las tiene, no lo digáis.

Es bueno adquirir desde ahora mismo la costumbre de pensar con cuidado antes de hablar, porque cuando recibáis la Iniciación, debéis mirar cada palabra, no sea que digáis lo que no debe decirse. Muchas de las conversaciones corrientes son innecesarias y estúpidas, y cuando se trata de chismes, son dañinas. Por lo tanto, acostumbraos a escuchar más que a hablar; no expongáis vuestras opiniones, a menos que os las pidan directamente. En resumen, las Cualidades son: saber, atreverse, querer y callar, y la cuarta es la más difícil de todas.

Otro deseo corriente que debéis reprimir severamente es el de inmiscuiros en los asuntos de los demás. Lo que otro haga, diga o crea no es asunto vuestro, y debéis aprender a dejarlo en paz. Tiene pleno derecho a pensar, hablar y actuar libremente, mientras no interfiera con otros. Vosotros mismos reclamáis la libertad de hacer lo que pensáis que es lo adecuado; debéis permitidle la misma libertad, y cuando la ejerza, no tenéis derecho a hablar de él.

Si creéis que está equivocado, tenéis una oportunidad para decirle en privado muy amablemente por qué pensáis así; posiblemente podáis convencerlo, pero hay muchos casos en los cuales, incluso eso, sería una injerencia indebida. En ningún caso debéis ir y contárselo a una tercera persona, porque eso es una acción muy baja.

Si veis un caso de crueldad hacia un niño o animal, vuestro deber es intervenir. Si veis que alguien viola las leyes de un país, debéis informar a las autoridades. Si estáis encargados de enseñar a otra persona, podréis hablarle amablemente de sus faltas. Excepto en estos casos, por lo demás, ocupaos de vuestros propios asuntos y aprended de la virtud del silencio.

III

Las seis reglas de Conducta que son requeridas especialmente son dadas por el Maestro en el siguiente orden:

1. Dominio de la Mente

2. Dominio de la Acción

3. Tolerancia

4. Alegría

5. Aspiración única

6. Confianza

(Sé que algunas de estas reglas son a menudo traducidas de forma diferente, como los nombres de las Cualidades, pero en todos los casos utilizo los nombres que el Maestro empleó al explicármelas).

1. *Dominio de la Mente.*

La Cualidad Carencia de Deseos nos señala que el cuerpo astral debe ser controlado; y lo mismo nos indica para el cuerpo mental. Esto significa control del temperamento, de modo que no sintáis cólera o impaciencia; dominio de la mente, de suerte que el pensamiento siempre pueda estar tranquilo y sereno, y (a través de la mente) dominio de los nervios, de modo que se irriten lo menos posible. Esto último es difícil, porque cuando intentéis prepararos para entrar en el Sendero, no podréis evitar que vuestro cuerpo se haga más sensible y vuestros nervios se alterarán más fácilmente ante cualquier sonido o impresión y se resentirán agudamente ante cualquier presión, pero debéis hacer lo posible por evitarlo.

La mente tranquila significa también valor, para poder hacer frente sin miedo a las pruebas y dificultades del Sendero. Esto significa, además, firmeza, para poner luz en las dificultades que vendrán a la vida de cada uno y evitar la incesante preocupación de los pequeños problemas en los que mucha gente malgasta la mayor parte de su tiempo. El Maestro enseña que no importa lo más mínimo lo que sucede a un hombre desde el exterior: dolores, problemas, enfermedades, pérdidas…, todas estas cosas no deben importarle nada, y no deben permitir que afecten a la tranquilidad de su mente. Son el resultado de acciones pasadas, y cuando vienen, debéis recibirlas con alegría, recordando que todo mal es transitorio y que vuestro deber es permanecer siempre alegres y serenos. Estas cosas pertenecen a vuestras anteriores vidas, no a ésta; no podéis modificarlas, por lo que es inútil preocuparos por ello. Pensad más bien lo que estáis haciendo ahora, pues creará los acontecimientos de vuestra próxima vida, porque eso sí *podéis* modificarlo.

Nunca os dejéis caer en la tristeza o la depresión. La depresión es un mal porque infecta a los demás y torna sus vidas más duras, a lo cual no tenéis derecho. Por lo tanto, si alguna vez acuden a vosotros, desechadlas inmediatamente.

Por otro lado, debéis controlar vuestro pensamiento. No debéis dejarlo divagar. Sea lo que sea lo que estéis haciendo, debéis poner en ello vuestra atención para que lo hagáis lo mejor posible. No dejéis que vuestra mente divague, sino mantened siempre buenos pensamientos en su trasfondo, dispuestos a salir en el momento en que ella esté libre.

Usad el poder de vuestro pensamiento para buenos propósitos; sed una fuerza en la dirección de la evolución. Pensad todos los días en alguien que conozcáis que esté triste, sufra o necesite ayuda, y enviadle pensamientos de amor.

Apartad vuestra mente del orgullo, porque el orgullo viene solamente de la ignorancia. El que no conoce esto piensa que es grande, que ha hecho esta o aquella gran cosa. El hombre sabio sabe que sólo Dios es grande y que las obras buenas y perfectas sólo las hace Él.

2. *Dominio de la Acción*

Si vuestro pensamiento es como debería ser, tendréis pocas dificultades con la acción. Sin embargo, recordad que para ser útiles a la Humanidad, vuestro pensamiento debe transformarse en acción. No debe haber pereza, sino actividad constante en el buen trabajo. Pero lo que hagáis tiene que ser vuestro propio deber (no el deber de otros), a menos que tengáis su permiso, y con el fin de ayudarlos. Dejad que cada uno haga su propio trabajo; estad siempre dispuestos a ofrecer ayuda allí donde se necesite, pero *nunca* interfiráis. Para muchas personas, lo más difícil de aprender en este mundo es ocuparse de sus propios asuntos, pero eso es exactamente lo que vosotros debéis hacer.

Aunque tratéis de hacer una labor más elevada, no debéis olvidar vuestros deberes ordinarios, porque hasta que éstos no sean hechos, no estaréis libres para otro servicio. No deberíais realizar ninguna tarea nueva en el mundo, pero las que ya tenéis a vuestro cargo (tareas evidentes y razonables que vosotros mismos reconocéis) debéis cumplirlas perfectamente, o sea, no los deberes imaginarios que otros intenten imponeros. Si queréis servirles y hacer Su trabajo, debéis cumplir vuestros deberes ordinarios mejor, no peor, porque haciéndolo así, también les servís a Ellos.

3. *Tolerancia*

Debéis ser totalmente tolerantes con todos y mostrar un sincero interés por la creencia de los que profesan otra religión, tanto como por la vuestra. Porque su religión es un sendero hacia lo más elevado, igual que la vuestra. Y para ayudar a todos, debéis entenderlos.

Pero para llegar a esta perfecta tolerancia, primero debéis estar libres de la intolerancia y la superstición. Tenéis que aprender que no hay ceremonias necesarias, de otro modo os consideraríais algo mejores que los que no las practican. Sin embargo, no debéis condenar a los que todavía se aferran a las ceremonias. Dejadlos hacer lo que quieran, pero no deben interferir con vosotros que conocéis la verdad, no deben tratar de obligaros a hacer aquello que vosotros ya habéis superado. Sed indulgentes y bondadosos en todo.

Ahora que vuestros ojos se han abierto, algunas de vuestras antiguas creencias y ceremonias os pueden parecer absurdas. Tal vez lo sean en realidad. No obstante, aunque no podáis por más tiempo tomar parte en ellas, respetadlas en consideración a las buenas almas para quienes todavía son importantes. Las ceremonias tienen su lugar y su utilidad; son como las líneas dobles de los cuadernos que os guiaron cuando erais niños para escribir derecho y uniforme, hasta que aprendisteis a escribir mejor y más libremente sin ellos. Hubo un tiempo en que las necesitabas.

Un gran Instructor escribió una vez: «Cuando era niño, hablaba como niño, comprendía como niño, pensaba como niño; pero cuando me hice hombre, dejé las cosas de niños». Sin embargo, el que ha olvidado su infancia y perdido la simpatía por los niños no es el hombre que puede enseñarles ni ayudarles. Por lo tanto, mirad con bondad, con amabilidad y tolerancia, a todos, sin distinción, budistas o hindúes, jaínos o judíos, cristianos o mahometanos.

4. *Alegría*

Debéis aceptar vuestro karma con alegría, cualquiera que éste sea, llevando con honor el sufrimiento que os viene, porque esto demuestra que los Señores del Karma piensan que merece la pena que seáis ayudados. De cualquier forma, por duro que sea, agradeced que no sea peor. Recordad que seréis de muy poca utilidad para el Maestro hasta que no hayáis terminado con vuestro mal karma y estéis libres. Al ofreceros al Maestro, habéis pedido que vuestro karma puede acelerarse, y, por lo tanto, ahora en una o dos vidas, con esfuerzo, haréis lo que, de otro modo, hubierais debido hacer en cien. Pero para obtener lo mejor de Él, debéis soportarlo con alegría.

Todavía hay otra cuestión: debéis renunciar a todo sentimiento de posesión. El Karma puede tomar de vosotros aquello que más apreciáis, incluso a las personas que más amáis. Aun entonces debéis estar alegres, dispuestos a desprenderos de alguna cosa y de todas. A menudo el Maestro necesita derramar su fuerza sobre los demás a través de Su discípulo, y no puede hacerlo si éste cede a la depresión. Por lo tanto, la alegría debe ser la regla.

5. *Aspiración Única*

Lo único a lo que debéis aspirar es a realizar la obra del Maestro. Nunca os podéis olvidar de hacerla, ni siquiera cuando otras ocupaciones os salgan al paso. Sin embargo, ninguna labor puede interponerse en vuestro camino, porque todo servicio y trabajo desinteresado es tarea del Maestro, y vosotros debéis hacerla por Él. Tenéis que poner toda vuestra atención en cada parte del trabajo para hacerlo lo mejor posible. El mismo Instructor (citado anteriormente) también escribió: «Cualquier cosa que hagáis, hacedla de *corazón*, como para el Señor, y no para los hombres». Pensad cómo haríais una parte del trabajo si supierais que el Maestro va a venir enseguida a supervisarlo; de esa misma manera es como debéis hacer todas vuestras obras. Los que son más conscientes sabrán mejor lo que ese versículo significa. Hay otro versículo mucho más antiguo: «Cueste lo que cueste, esfuérzate en hacer todo lo que se te presente».

Aspiración única significa, también, que nada debería nunca desviaros, ni siquiera un momento, del Sendero en el que habéis entrado. Ni las tentaciones, ni los placeres, ni siquiera los afectos de este mundo deben apartaros jamás de su lado. Porque tenéis que llegar a ser uno con el Sendero; debe llegar a ser de tal forma parte de vuestra naturaleza, que lo sigáis sin necesidad de pensar en él ni en desviaros. Vosotros, la Mónada, lo habéis decidido, abandonarlo sería abandonaros a vosotros mismos.

Debéis confiar en vuestro Maestro; debéis confiar en vosotros mismos. Si habéis visto al Maestro, confiaréis en Él totalmente a través de muchas vidas y muertes. Si todavía no le habéis visto, debéis tratar de imaginároslo y confiar en Él, porque si no lo hacéis así, ni siquiera Él podrá ayudaros. Mientras no haya perfecta confianza, no puede establecerse un flujo perfecto de amor y poder.

Debéis confiar en vosotros mismos. ¿Decís que os conocéis demasiado bien? Si lo creéis así, entonces *no* os conocéis; sólo conocéis la débil corteza exterior que a menudo ha caído en el fango. Pero *vosotros* (vuestro verdadero YO) sois una chispa del fuego de Dios, y Dios, que es Omnipotente, está en vosotros. Por eso, no hay nada que no podáis hacer si queréis. Decíos a vosotros mismos: «lo que un hombre ha hecho, puede hacerlo otro hombre. Yo soy un hombre, todavía más: soy Dios en un hombre. Puedo hacer esto, y quiero hacerlo». Porque, si queréis hollar el Sendero, vuestra voluntad debe ser como el acero templado.

IV

De todas las Cualidades, el Amor es la más importante, porque si en un hombre es bastante fuerte, le obliga a adquirir las demás, las que sin ella nunca serían suficientes. Esto se traduce a menudo como un intenso deseo por liberarse de la rueda de nacimientos y muertes, y por la unión con Dios. Pero interpretarlo de esta manera, suena egoísta y parcial, pues traduce sólo una parte del significado. No se trata tanto de deseo como de voluntad, resolución, determinación. Para que produzca resultados debe llenar toda vuestra naturaleza, a fin de que no haya lugar para otro sentimiento. En realidad, es la voluntad de ser uno con Dios, no para que os libréis del cansancio y sufrimiento, sino para que, debido a vuestro profundo amor hacia Él, podáis actuar con Él y hacer lo que Él hace. Porque Él es

Amor, vosotros, si llegáis a ser uno con Él, os llenaréis de altruismo perfecto y también de amor.

En la vida cotidiana esto significa dos cosas; primero, que deberíais tener cuidado en no hacer daño a ningún ser vivo; segundo, que deberíais estar siempre alerta por si se presenta una oportunidad para ayudar.

Primero, no hacer daño. Hay tres pecados que perjudican más que todos los demás en el mundo: el chismorreo, la crueldad y la superstición, porque son pecados contra el amor. El hombre que quiera llenar su corazón con el amor de Dios, debe vigilarlos y combatirlos sin cesar.

Veamos que hace el chismorreo. Empieza con un mal pensamiento, que en sí mismo ya es un crimen, porque en todos y en todo hay bondad y maldad. Podemos fortalecer cualquiera de las dos si pensamos en ellas, y de esta manera ayudar o dificultar la evolución. Podemos hacer la voluntad del Logos o resistirnos a ella. Si pensáis mal del otro, estáis haciendo al mismo tiempo tres cosas malvadas:

1. Estáis llenando vuestro vecindario con un mal pensamiento, en lugar de llenarlo con el bueno, y de esta manera añadís más dolor al mundo.

2. Si en ese hombre está el mal que vosotros pensáis de él, lo estáis fortaleciendo y alimentando. Por lo tanto, hacéis peor a vuestro hermano, en lugar de mejorarlo. Pero, generalmente, el mal no está ahí, y vosotros sólo lo imaginabais, entonces vuestros malos pensamientos le tientan para hacerlo, porque si él todavía no es perfecto, podéis influir y convertirlo en aquello que habéis pensado.

3. Llenáis vuestra propia mente con malos pensamientos en lugar de buenos; por lo que impedís su crecimiento y el vuestro, llegando a ser para los que puedan verlo un objeto

desagradable y feo, en lugar de bello y amable.

No contento con haber hecho todo este dañó a sí mismo y a su víctima, el chismoso intenta, con todas sus fuerzas, hacer cómplices a otras personas de su crimen. Impaciente, les cuenta sus historias malvadas con la esperanza de que las creerán y, entonces, se unirán a él y derramarán sus malos pensamientos sobre las pobres víctimas. Y esto sucede día tras día, y no sólo es hecho por un hombre, sino por miles. ¿Os empezáis a dar cuenta de qué infame, qué terrible es este pecado? Debéis evitarlo por completo. Nunca habléis mal de nadie, negaos a escuchar a los que lo hacen, pero amablemente decidles: «Tal vez esto no sea verdad, pero, aunque lo fuera, es mejor no hablar de ello».

La crueldad puede ser de dos tipos: intencionada y sin intención. La crueldad intencionada consiste en causar, a propósito, daño a otros seres vivientes, y ése es el mayor de todos los pecados, obra de un demonio y no de un ser humano. Vosotros diréis que ningún hombre podría hacer tal cosa, pero los hombres lo han hecho a menudo, y lo siguen haciendo diariamente. Los inquisidores lo hicieron; mucha gente religiosa lo hizo en el nombre de su religión, los vivisectores lo hacen. Muchos maestros de escuela lo hacen habitualmente. Todas estas personas tratan de excusar su brutalidad diciendo que es la costumbre, pero un crimen no deja de ser un crimen porque mucha gente lo cometa. El karma no excusa las costumbres; y el karma de la crueldad es el más terrible de todos. Al menos, en la India no puede haber disculpa para tales costumbres, porque todos conocen el deber de no causar mal a nadie. El destino de los crueles alcanza también a quienes intencionadamente matan a las criaturas de Dios y lo llaman «deporte».

Ya sé que tales cosas no las haríais vosotros, pero, por el amor de Dios, cuando tengáis oportunidad, hablad claramente contra ellas. Además de la crueldad de hecho, también hay una crueldad de palabra, y el que habla con la intención de hacer daño a otro, es culpable de ese crimen. Tampoco eso lo haríais, pero, a veces, una palabra dicha a la ligera y sin pensarla hace tanto daño como una maliciosa. Por lo tanto, debéis permanecer alerta contra la crueldad no intencionada.

Normalmente, procede de la irreflexión. Hay hombres que están tan llenos de codicia y avaricia, que incluso nunca piensan en el sufrimiento que causan a los demás pagándoles muy poco, o dejando que pasen hambre su mujer y sus hijos. Otros piensan en su propia codicia y les importan muy poco cuántas y cuántos cuerpos arruinan para satisfacerla. Sólo para librarse de unos cuantos minutos molestos, un hombre deja de pagar a sus obreros el día adecuado, no pensando en las dificultades que este descuido supone para ellos. Tanto sufrimiento es causado por la negligencia, por olvidar pensar cómo afectará una acción a los demás. Pero el karma nunca olvida, y no exculpa los hechos que los hombres dejan de hacer por haberse olvidado de ellos. Si deseáis hollar el Sendero, debéis pensar en las consecuencias de vuestros actos, para no ser culpables de crueldad irreflexiva.

La superstición es otro mal poderoso, y ha causado muchas crueldades terribles. El hombre que es esclavo de ella, desprecia a otros que son más sabios, intenta obligarlos a hacer lo que él hace. Pensad en la terrible matanza producida por la creencia supersticiosa de que hay que sacrificar a los animales, y por la todavía más cruel superstición de que los hombres necesitan carne para alimentarse. Pensad en el tratamiento que la superstición ha dado a las clases más deprimidas de nuestra querida India, y ved cómo esta mala cualidad puede engendrar la crueldad despiadada incluso entre los que conocen el deber de la fraternidad. Muchos son los crímenes que la Humanidad ha cometido en el nombre del Dios del amor, movidos por la pesadilla de la superstición. Tened mucho cuidado y no dejéis que permanezca en vosotros ningún resto de ella.

Tenéis que evitar estos tres grandes crímenes, porque son funestos para todo progreso, pues son pecados contra el amor. Pero
no sólo debéis absteneros del mal, sino que
tenéis que ser activos para hacer el bien.
Debéis llenaros tanto con el intenso deseo
de servir, que estéis siempre atentos a vuestro alrededor para ver dónde podéis prestarlo, pero no sólo al hombre, sino también a
los animales y a las plantas. Debéis proporcionar este servicio incluso en las pequeñas
cosas de cada día para que pueda convertirse en un hábito, pues de esta manera os iréis
acostumbrando a ello y no desperdiciaréis
las grandes oportunidades cuando se os
presenten. Porque si anheláis ser uno con
Dios, que no sea para vuestro propio beneficio, sino para poder ser un canal a través
del cual Su amor pueda fluir para llegar a
vuestros semejantes.

El que está en el Sendero no vive para él,
sino para los demás; se ha olvidado de sí
mismo para poder servirlos. Es como una
pluma en la mano de Dios, a través de la
cual Su pensamiento puede fluir y encon

trar su expresión aquí abajo, lo que no podría suceder sin ella. Sin embargo, al mismo tiempo, es también una pluma de fuego viviente, derramando sobre el mundo el rayo de Amor Divino que llena su corazón.

La sabiduría que os permite ayudar, la voluntad que dirige la sabiduría, el amor que inspira la voluntad, éstas son vuestras cualidades.

Voluntad, Sabiduría y Amor son los tres aspectos del Logos; y vosotros, que deseáis alistaros a Su servicio, debéis ser la expresión de ellos en el mundo.

Esperando la palabra del Maestro,
Atentos a la Luz Oculta;
Escuchando y captando sus preceptos
En medio de la dura lucha;

Reconociendo su sutil señal
A través del gentío en movimiento;
Y por encima del ruido terrenal,
Escuchar el susurro de su aliento.

OTROS TÍTULOS DE ESTA COLECCIÓN

LUZ EN EL SENDERO

Mabel Collins

Reglas y consejos, escritos para todo el que haya puesto sus pies en el sendero espiritual y se sienta perdido. El discípulo encontrará en esta obra todo lo necesario para sentirse mejor y poder avanzar espiritualmente. Fue escrito por primera vez en el año 1885, pero todavía hoy conserva toda su vigencia y poder.

A LOS QUE LLORAN LA MUERTE DE UN SER QUERIDO

C. W. Leadbeater

Esta obra ha sido (y sigue siendo) de gran alivio para muchas personas que han sufrido la pérdida de un ser querido, ya que no sólo ha sido escrita para ayudar psicológicamente a sobrellevar una pérdida, sino que aporta la experiencia, el rigor científico y el conocimiento de quienes son testigos directos de lo que ocurre cuando el alma abandona el cuerpo e inicia su peregrinaje a través del mundo espiritual.

LOS SUEÑOS

C. W. Leadbeater

Un estudio profundo sobre los sueños desde el punto de vista teosófico, realizado por un gran investigador de lo oculto, que analiza y explica cómo llegan los sueños a nuestra conciencia, cómo la conciencia, a su vez, afecta y usa de este mecanismo y cómo se producen las diferentes clases de sueños

TAO TE KING

Lao Tse

Los escritos legados por Lao Tse recogidos en esta obra son una guía para seguir un camino virtuoso y de autodisciplina que nos llevará a un estado de conciencia superior en el que desaparecerán todos nuestros males, trayendo paz y armonía a nuestras vidas. El secreto de la vida es vivir de acuerdo al Tao. La recompensa es una y larga y saludable vida física y la inmortalidad.

DHAMMAPADA
LAS ENSEÑANZAS DE BUDA

Colección de versos atribuidos tradicionalmente a Buda,
y que, según se cree, fueron
pronunciados por él en varias
ocasiones.
Se trata de una de las mejores
obras espirituales de la literatu-
ra budista. La obra se compone
generalmente de comentarios y
enseñanzas de tipo moral.

EL EVANGELIO GNÓSTICO
DE TOMÁS

El Evangelio de Tomás es un
texto apócrifo que contiene
114 dichos atribuidos a Jesús
de Nazaret. Algunos de estos
dichos tienen un tremendo pa-
recido con los que se pueden
leer en los cuatro evangelios
canónicos, pero hay otros nue-
vos que nos sorprenden por su
profundo significado espiritual,
lo que, sin duda, aporta una
gran riqueza a los primeros
y nueva luz para entenderlos
mejor.

OTROS TÍTULOS PUBLICADOS POR ESTA EDITORIAL

ÁNGELES PROTECTORES

Leo Kabal

Descubre a tu ángel guardián y benefíciate de sus virtudes.

Un libro para alcanzar el amor, la salud y la prosperidad a través de los 72 ángeles protectores de la Cábala

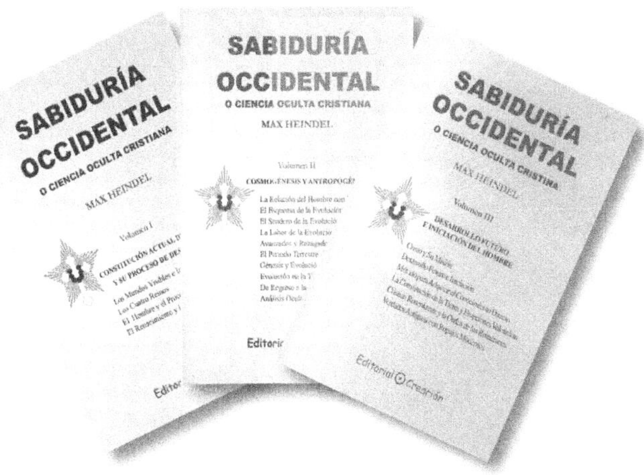

SABIDURÍA OCCIDENTAL O CIENCIA OCULTA CRISTIANA (tres tomos)

Max Heindel

LA NUEVA EDICIÓN DE RECIENTE TRADUCCIÓN DEL CONCEPTO ROSACRUZ DEL COSMOS.

Las enseñanza contenida en este libro es aquella que Cristo enseñaba en secreto a sus discípulos, la cual desvela los misterios del hombre y del Universo y responde a las tres grandes preguntas: «de dónde venimos», «por qué estamos aquí», y «adónde vamos».

Made in the USA
Monee, IL
08 July 2026

56673440R00042